DEUX MOYENS

PACIFIQUES

D'AMÉLIORER LE SORT

DES OUVRIERS ET OUVRIÈRES,

ET

DÉTRUIRE L'INFLUENCE

DES IDÉES SUBVERSIVES DE LA PROPRIÉTÉ,

PAR E. COTTEREAU,

Ancien typographe, trésorier de la Société typographique de secours mutuels d'Angers.

« Que le travailleur soit fils de ses œuvres. »
(M. TOURET *à l'Assemblée nationale.*)

ANGERS,

IMPRIMERIE DE COSNIER ET LACHÈSE,

RUE CHAUSSÉE SAINT-PIERRE, 13.

1848.

Six mois de misère pour les travailleurs!

Six mois de souffrances pour la société!

Six mois de patience et d'espoir pour ceux-là!

Six mois de perplexité pour celle-ci!

Nous apercevons enfin le port, et le ciel, pour n'être pas sans nuage, nous annonce des jours plus heureux!

Hommes d'État, législateurs, philosophes, économistes, qui siégez dans l'Assemblée nationale, le sort des travailleurs est entre vos mains; ce labeur est digne de vos veilles, il doit être généreux, libéral et fondé sur l'équité!

Des Révolutions.

Les Révolutions politiques et sociales qui se produisent à des intervalles plus ou moins rapprochés sont-elles des phénomènes que l'homme puisse prévoir et éviter, ou bien sont-elles arrêtées irrévocablement dans les décrets de la Providence? Ces questions, pour avoir une solution complète et décisive, auraient besoin d'une longue étude qui peut-être encore ne parviendrait pas à anéantir toute controverse. Aussi n'entreprendrons-nous point cette tâche au-dessus de nos forces et sans avantage pour le but que nous nous proposons, celui d'être utile aux membres de la grande famille *des travailleurs*.

Nous n'entendons pas appliquer ce mot à tout ce qui produit, tels que manufacturiers, industriels et maîtres d'ateliers; notre cadre est trop restreint; nous avons voulu nous entretenir un instant et amicalement avec les ouvriers qui vivent de leur travail au jour le jour. Voilà la classe que nous nommons *travailleurs*, pour ne pas la confondre avec celle des *maîtres*, qui eux-mêmes sont des travailleurs, mais d'un ordre supérieur.

Les journées des 23 et 24 Février 1848 qui ont, à l'imitation de 1789 et 1830, renversé une dynastie qui se croyait inébranlable, les courtisans ont toujours intérêt à cacher la vérité, doivent-elles profiter à la nation entière ou seulement à une minorité? Après les questions politiques, les questions sociales doivent-elles subir des réformes nécessaires et urgentes? Il n'y a qu'une réponse, elle est dans toutes les bouches; mais à peine est-elle prononcée, chacun se retourne, calcule ses intérêts aussi divisés qu'il y a d'individus dans le grand tout; on s'effraie du résultat, des chimères bouleversent le cerveau, et le froid égoïsme se dresse comme un spectre hideux en prononçant ces mots, qui sentent la faiblesse et la fatigue : *Arrêtons-nous ! tout est bien !*

Imprudent vieillard, tu veux vivre, et ton langage avance ta carrière!

La chute récente de la Monarchie nous est une leçon frappante, et que l'on ne doit pas oublier si vite. Que la sagesse guide les conseils de l'homme, et des réactions violentes ne viendront plus alarmer la société entière!

Depuis l'établissement de la République, dans tous les ouvrages sérieux ou légers, et le nombre en est immense, l'on proclame et l'on fait sonner bien haut ces mots : *Liberté, égalité, fraternité,* mots sacrés sortis d'une source pure, le christianisme, mais souillés dans leur cours par des ruisseaux fangeux.

Il est juste de les respecter, il est raisonnable de leur vouer un culte sacré, parce qu'ils élèvent le citoyen le plus obscur, quand il est probe et honnête, au plus haut point de la hiérarchie sociale; tous les droits, il les possède; dans l'exercice de la liberté, il n'a que la licence pour limite.

La fraternité, est-il besoin de la définir? elle se sent mieux et avant qu'on ne l'explique : loi d'amour, loi divine. Fais à autrui ce que tu veux qu'il te soit fait.

Ces trois mots doivent-ils être pris dans le sens absolu? La liberté n'aura-t-elle plus de lois?

L'égalité sera-t-elle d'une surface unie, n'y aura-t-il plus ni chefs ni magistrats?

La fraternité bannira-t-elle les convenances sociales? Non, mille fois non! Quelques réformes ne demandent pas la destruction de la société.

Est-il donc si dangereux de chercher à connaître la cause du mal pour y apporter remède, et quand un bras est malade, détruit-on le corps pour le guérir?

Pour quiconque a voulu étudier cette question, il lui a été facile de voir que le vice est uniquement dans ce monosyllabe orgueilleux MOI, qui ne brûle d'encens que pour l'intérêt individuel. Voilà la source, où trouver le remède?

Deux moyens sont indispensables, *l'augmentation du salaire* dans les corps d'état qui ne sont pas justement rétribués et dont la légalité aura été prononcée par le conseil des prud'hommes, ou l'*association des travailleurs*; et vouloir les écarter pour *améliorer le sort de l'ouvrier*, c'est tourner dans un cercle vicieux.

Aujourd'hui que l'Assemblée nationale est souveraine et chargée d'élaborer ce grand travail, espérons dans ses lumières, son patriotisme et son humanité. Que l'ouvrier prenne patience et qu'il ferme l'oreille aux insinuations dangereuses de révolte.

Il est de ses intérêts que le calme renaisse, que la confiance se rétablisse, et qu'enfin les travaux s'organisent dans toute la France. C'est alors que l'*enquête* ordonnée par l'Assemblée nationale pourra s'établir avec tranquillité, faire connaître les faits, démasquer l'égoïsme et porter remède à la misère.

Si de temps à autre des émeutes innombrables et dangereuses sont venues troubler l'ordre et la sûreté publique, il faut le reconnaître, les bons ouvriers, amis de leur travail, soutiens de leur famille, gémisssaient de cette anarchie et appelaient de tous leurs vœux le rétablissement du commerce.

Nous ne sommes point de ceux qui ont promis et sont embarrassés pour tenir ; notre langage est entièrement désintéressé, et nous serions encore coupable en annonçant la *fortune* à l'ouvrier qui en est déshérité ! Non, le simple travailleur ne deviendra pas *riche* ; telles ne sont pas ses prétentions, il veut être moins malheureux, apporter du soulagement au sein de sa nombreuse famille, éviter, s'il le peut, après cinquante ans d'un travail opiniâtre, d'aller mourir à l'hôpital ou se renfermer dans un triste Dépôt de mendicité (1). Voilà ses vœux ! sont-ils exagérés, sont-ils légitimes ?

PREMIÈRE PARTIE.

Du salaire des ouvriers.

Cette question, qui paraît colossale et devoir jeter la perturbation dans la société, est-elle donc si ardue et si insoluble qu'on ne puisse l'aborder ?

(1) Ne pourrait-on pas appeler ces lieux, *asile de l'infortune* ?

*

Ne peut-elle admettre aucune modification? Les anneaux de sa chaîne sont-ils si nombreux, si multipliés et si bien rivés les uns aux autres, qu'on ne puisse toucher à celui-ci sans briser celui-là?

Ce raisonnement, plus spécieux que solide, doit tomber devant un examen sérieux et de bonne foi. Mais qui sera chargé de prononcer entre les deux parties intéressées, le maître et l'ouvrier? L'Assemblée nationale vient de décider la question, et nous l'avions déjà résolue dans le même sens, quand a paru le décret sur l'organisation du conseil des prud'hommes. Ce conseil doit avoir une mission toute de paix et est destiné à rendre d'éminents services à la société.

De l'organisation des conseils de prud'hommes.

Cette institution, de vieille date, a besoin d'être réformée et établie sur une échelle plus large et plus libérale, elle doit marcher avec les progrès de l'époque. Placée entre le patron et l'ouvrier, cette réunion d'hommes sages, probes et honnêtes, aura pour objet spécial d'étudier, de peser et défendre les intérêts des parties en contestation; sa décision sera souveraine et aura force de loi.

Il importe donc que le choix des membres de ce conseil soit libre, indépendant et sagement combiné. La loi nouvelle nous a paru renfermer ces conditions.

« ART. 1er. Les conseils de prud'hommes, actuellement existants, seront réorganisés d'après les bases suivantes.

» ART. 2. Dans un délai de quinze jours, à dater de la promulgation du présent décret, il sera procédé à une nouvelle élection des membres de ces conseils.

» ART. 3. Les patrons et les ouvriers seront convoqués séparément par le préfet pour procéder par scrutin de liste à la désignation, dans leur sein respectif, d'un nombre de candidats quadruple de celui des membres à nommer.

» ART. 4. La liste des candidats ainsi nommés sera transmise par le président de chaque assemblée aux maires de la circonscription du tribunal des prud'hommes, pour être publiée et affichée.

» ART. 5. Dans les huit jours qui suivront cette publication, les patrons et les ouvriers seront convoqués de nouveau pour procéder séparément, et sur la liste des candidats dressée conformément à l'art. 3, les patrons, à l'élection des prud'hommes ouvriers, et les ouvriers, à l'élection d'un même nombre de prud'hommes patrons. »

Cette combinaison nous paraît plus ingénieuse que libérale, et nous eussions préféré l'élection directe des prud'hommes par chaque partie intéressée.

Des grèves.

Sous le régime passé, le sort de l'ouvrier n'était point à l'ordre du jour et devait rester dans l'oubli en présence des grandes luttes politiques, quand une révolution soudaine et inattendue vint le tirer de sa profonde léthargie. Il est vrai que de temps à autre des symptômes de mécontentement s'élevaient entre les patrons et ouvriers, et se traduisaient même quelquefois par des manifestations bruyantes que l'on appelle grèves; scènes désolantes pour la société et de cruelles souffrances pour l'ouvrier dont la famille est en proie aux horreurs de la misère.

Espérons qu'un nouveau tribunal de prud'hommes saura, par sa sagesse, sa lumière et son désintéressement, empêcher que de tels abus se reproduisent.

Qui ne se rappelle en 1845 ces coalitions incessantes d'ouvriers cordonniers, couvreurs, maçons et charpentiers? on eût dit à cette époque une épidémie générale. Nos rues étaient encombrées de flâneurs et nos campagnes inondées de visiteurs importuns. Quel temps précieux a été perdu, et que de misères l'on eût pu éviter? car il a fallu un peu plus tard reconnaître que la demande était fondée, et l'on ne pouvait plus se soustraire à une juste et équitable augmentation de salaire.

Dans la suspension de travaux des ouvriers charpentiers, nous aimons à constater ici que pas une plainte ne s'est élevée contre leurs prétentions. Toutes les sympathies leur étaient acquises; chacun rendait justice à leur bonne conduite, à leur aptitude au travail. On reconnaissait que ces hommes vigoureux, dont les travaux pénibles mettent si souvent la vie en danger, devaient être plus largement rétribués. Aussi un résultat favorable ne devait pas se faire attendre, et les patrons eux-mêmes n'ont opposé qu'une faible résistance, et depuis cette époque, maîtres et ouvriers ont toujours été d'un parfait accord.

Que cet exemple ne soit pas perdu! Jetons un voile sur le passé pour ne songer qu'à l'avenir. Il nous semble démontré que l'on peut facilement augmenter le salaire de l'ouvrier sans perturbation, sans violence et sans secousse, si le patron veut y prêter un concours franc et loyal? Mais offrira-t-il lui-même l'augmentaton? Non! oh non! pas plus qu'un avare ne jetera au pauvre qui passe les écus entassés dans ses coffres!

Mais l'ouvrier sera donc libre, à chaque instant, et sous le prétexte le plus frivole, d'imposer ses lois et ses exigences? Non encore, répondrons-nous au nom de celui dont nous prenons la défense, sans crainte d'être désavoué, non, le caprice ne sera jamais sa règle de conduite, et quand l'on a travaillé vingt ans avec lui, l'on connaît ses mœurs, ses usages, ses défauts, mais aussi son cœur franc et généreux; il ne ferme point l'oreille aux conseils de la sagesse et de la raison; les sacrifices sont un jeu pour lui; dans sa misère il est encore désintéressé, et donne quelquefois l'exemple du plus sublime dévouement; son âme est bonne et sensible! une parole de douceur, un mot d'espoir, mais de franchise, enlève tout ressentiment et fait disparaître jusqu'au plus léger murmure (1).

Demandez à ce citoyen courageux où il a puisé cet ascendant irrésistible, qu'il exerce si habilement sur l'esprit des ouvriers? comment à sa voix franche et loyale, les rassemblements les plus nombreux se dispersent ou restent inoffensifs? C'est qu'il sait parler au cœur : voilà son talisman! L'ouvrier n'aime pas les flatteurs, il les connaît et les juge promptement, il dédaigne les hommes durs et hautains; comme il se dévoue

(1) Dans une réunion de tous les typographes à Paris, il a été décidé que le prix d'une journée de travail serait versé dans le trésor de la République.

tout entier et sans calcul pour celui qui a gagné sa confiance.

Avec l'institution du tribunal de prud'hommes, il n'y a plus à craindre de longues suspensions de travaux. Appelé par les parties en litige à se prononcer, il devra s'entourer de tous les renseignements les plus exacts et sa décision aura nécessairement un caractère de justice contre lequel personne ne songera à protester.

Du danger d'augmenter le salaire?

Faut-il répondre à cette grave question de nos adversaires ou bien la laisser périr d'elle-même : *Si vous augmentez le salaire de l'ouvrier, vous tuez les travaux; et les produits seront si élevés qu'il ne sera plus possible à l'artisan de se nourrir, de se vêtir et de se loger.*

Evidemment, l'on croit effrayer l'ouvrier par la crainte d'un anéantissement complet de travaux; mais le piège est mal tendu, il ne peut y tomber. Que les intéressés au *statu quo* s'abstiennent de faire travailler, ils seront conséquents avec leur langage; mais leurs vêtements usés, leurs chaussures anéanties, ne seront donc plus renouvelés? Le boucher, le boulanger, voire l'épicier, fermera sa boutique; les maisons s'écrouleront sans être réparées, les trombes respecteront les toitures, les édifices ne seront plus restaurés, les châteaux seront fermés, et leurs riches propriétaires viendront habiter au premier ou au deuxième étage? Illusion! le cœur de l'homme d'ailleurs n'est pas si impitoyable.

Quoi! pour quelques centimes, 25 peut-être, d'augmentation sur la journée d'un ouvrier, il est arrêté, il est décidé que les travaux cesseront et que la misère sera plus grande encore! Non, ce raisonnement n'est pas admissible et ne doit être un épouvantail pour personne.

Pense-t-on sérieusement qu'un riche négociant, retiré des affaires et voulant jouir des bienfaits de la fortune, recule devant une minime augmentation de salaire? Les nombreuses propriétés qu'il vient d'acquérir du fruit de ses longues veilles seront-elles délaissées? et ce château magnifique qu'il rêvait comme terme de son bonheur restera-t-il sur le papier? ne s'empressera-t-il plus de le faire élever, de l'orner et l'embellir pour y placer sa famille et ses amis?

Rassurez-vous, ouvriers. Celle qui perdit lucifer, il y a six mille ans, vient à votre secours, elle vous crie : Le château sera bâti, je veux y fixer mon séjour. Vastes édifices, élevez-vous dans l'espace; riche architecture, décors somptueux, luxe oriental, déployez vos plus rares trésors, je veux ici dominer en souveraine.

Alors mille bénédictions d'ouvriers en salueront l'inauguration, et le riche propriétaire qui aura procuré du travail sera le bien-aimé, parce qu'il aura répandu le bonheur au sein des masses.

Telle doit être et telle sera la marche de la société; car elle ne veut ni ne peut vouloir la destruction de ses membres.

Du salaire des ouvrières.

Nous ne terminerons point cet article sans placer ici quelques lignes en faveur des ouvrières, portion de la grande famille, si digne à tous égards, de participer aux bienfaits de la révolution de février 1848. Nous n'entrerons point dans de grands développements, il suffira de montrer la plaie pour y apporter le remède.

Le salaire des femmes est si minime et si peu en harmonie avec les exigences du jour, que nous sommes l'écho fidèle de mille voix qui toutes proclament que les ouvrières ne sont pas assez rétribuées. Aussi pour faire cesser cet état de malaise, nous adresserons-nous aux dames généreuses, patronesses de la Maternité, des salles d'asile et des ouvroirs; elles ne seront point insensibles au sort de tant de jeunes filles qui comptent sur le produit d'une journée pour vivre, se vêtir et soutenir souvent encore une mère caduque et sans fortune. Cet appel ne sera point infructueux. D'une étincelle il peut jaillir un incendie; mais que cet incendie soit régénérateur, qu'il absorbe la misère ! Cœurs généreux, chez qui l'amour et l'amitié ont versé leurs trésors, vous ne connaissez point l'égoïsme, il n'a point glacé vos nobles inspirations; qu'il appartienne aux dames angevines de prendre l'initiative et bientôt toute la France suivra leur exemple; car il est consolant de penser que les bonnes actions sont toujours imitées.

Outre l'aisance que peut procurer chez l'ouvrière une légère augmentation de salaire, il est un autre bienfait plus noble, parce qu'il est plus moral, l'épuration des mœurs et le goût du travail.

Si la Société gémit sur le nombre de jeunes filles qui se laissent déshonorer, qu'elle ne soit pas cependant trop sévère dans son jugement. Faible et sans défense, lancée au milieu d'un monde pervers et méchant, la jeune ouvrière, sans pain, sans travail, résistera-t-elle au désespoir? l'affreuse misère devant elle, des piéges tendus sous ses pas, elle chancelle, et son innocence est le prix de quelques pièces qu'elle maudira bientôt; sa pauvre mère reçoit du soulagement, mais sans en connaître la source impure.

Si la jeunesse est ainsi exposée par le chômage

du travail et la modicité du salaire, que de veuves avec enfants dont le sort appelle toute votre attention!

Plein de confiance dans notre cause, nous aimons à croire que le succès viendra bientôt couronner nos efforts.

Plus de doute sur la *possibilité* de l'augmentation du salaire des ouvriers et ouvrières, *sans secousse et sans violence*; s'il en restait encore, le temps le dissipera, et au moyen de l'enquête prescrite par l'Assemblée nationale, les voies seront préparées et les difficultés aplanies.

Pour arriver à cet heureux résultat nous dirons aux uns: patience, et aux autres: un peu de bonne volonté.

Ces deux conditions sont inséparables et doivent marcher de front.

La violence provoque la résistance, perd son droit de justice et recule à des temps indéfinis la solution d'idées généreuses, mal comprises ou mal interprétées par des tiers intéressés.

Tout auteur d'un système nouveau fait naître des apologistes et des adversaires : dans les deux camps la lumière doit sortir de la discussion, jamais par la ruse et la violence, et mieux vaut reconnaître son erreur; trop d'empires ont péri sous les coups de l'orgueil irrité!

Il y a cinquante ans le système suranné des maîtrises et des jurandes s'est-il laissé détrôner sans défendre ses prétentions? N'a-t-il pas eu ses prôneurs? Et cependant il a fallu succomber et reconnaître l'empire de la raison. Sa défaite, à laquelle vous battez des mains, vous, aujourd'hui, qui avez remplacé les maîtres privilégiés d'autrefois, doit vous être une leçon pour soulager vos frères qui demandent à *améliorer leur sort par le travail.*

En faisant passer le bien-être dans les masses vous les accoutumez à l'économie, vous leur enlevez tout prétexte de révolte, et les ambitieux ne peuvent plus exploiter leur misère.

Ce désir paraissait si juste, si légitime, qu'au jour de la grande lutte électorale il n'y eut pas un candidat à la députation qui osât prétendre aux suffrages de ses concitoyens, sans écrire dans sa profession de foi (1), *en gros caractères,* ces mots *obligés* : AMÉLIORATION DU SORT DE L'OUVRIER; ORGANISATION DU TRAVAIL.

Le temps est venu de la moisson; bientôt l'on pourra juger de l'arbre par les fruits.

L'Assemblée nationale, disons-le franchement,

(1) Et nous en avons une collection de différentes variétés, de différentes couleurs.

a pris en sérieuse considération le sort des travailleurs, et donne l'espoir d'une solution prochaine et favorable.

Que la tranquillité remplace les émeutes, la paix, la sécurité feront renaître la confiance, le commerce engendrera le travail, et ces milliers de bras, disséminés sur les chantiers des chemins de fer, jeteront la pelle et la tranche, celui-ci pour revenir à l'atelier d'ajustage, celui-là pour monter un bijou ; tout enfin rentrera dans l'ordre.

SECONDE PARTIE.

De l'association (1).

Pour arriver à *améliorer le sort de l'ouvrier*, nous voyons deux moyens; le premier n'est plus à développer; le second, c'est l'*association des travailleurs*.

Cette idée, qui renferme tout un système, n'est plus neuve, mais elle est encore à l'état d'enfance et a besoin de protection. Les uns la préconisent, la défendent avec chaleur, avec énergie, et la proclament le seul et unique remède à la souffrance

(1) Par décret du 5 juillet, trois millions sont affectés au ministre des travaux publics pour encourager exclusivement l'*association des ouvriers*.

générale qui couvre la France. A notre avis il y a exagération.

Les adversaires repoussent l'*association* parce qu'elle est destinée à tuer la concurrence. Plus de concurrence, disent-ils, plus de commerce, plus d'émulation. Erreur!

L'expérience mieux que les discours montre tous les jours où est la vérité, où est la plaie sociale et qui a fait naître la misère.

A quelle époque, si nous en exceptons les six mois que nous venons de parcourir, y a-t-il eu plus de commerce, plus de concurrence? Jamais y eut-il aussi plus de souffrances? Philosophes et économistes, qui cherchez la vérité, n'allez pas un jour de fête faire vos visites domiciliaires sur nos promenades publiques ou au rendez-vous ordinaire de la classe malheureuse; quelques rares vêtements, soigneusement ménagés, couvrent la misère la plus affreuse, et votre jugement porterait à faux.

A l'appui de notre assertion, combien dans la classe élevée du commerce compte-t-on de faillites dues à la concurrence? Il ne peuten être autrement. Un plus puissant peut toujours ruiner un inférieur? Si nous descendons l'échelle et s'il nous était permis d'interroger l'administration des Hospices et du Dépôt de mendicité, ne serait-on pas effrayé des demandes innombrables qui restent sans réponse, parce que les ressources ne peuvent suffire aux souffrances qui ne tendent qu'à s'accroître encore de jour en jour?

Faut-il charger exclusivement la *concurrence* du malheur qui pèse sur la classe ouvrière? elle y contribue puissamment. Mais un système absolu renferme nécessairement quelque vice; et quand on vous dit : *Sans l'association générale*, point de remède à la misère, ne vous découragez point, décidez-vous à faire un pas en avant.

En effet, quiconque a étudié les différentes phases des révolutions sociales ou politiques, ne peut douter un instant du succès qui doit couronner son courage et sa patience. Le premier essai a des imitateurs, et l'essor une fois donné ne peut plus être arrêté.

Il est donc bon, il est donc important, après avoir découvert les causes de la misère et les avoir fait connaître, de réunir tous les moyens, quelque minimes qu'ils soient, pour y apporter remède et la bannir à jamais.

Mais aujourd'hui la génération est-elle formée, est-elle façonnée, si l'on peut s'exprimer ainsi, pour l'*association générale?* Et la fraternité a-t-elle opéré de si grands miracles que l'on puisse compter sur des conversions réelles et sincères?

Evidemment non; mais il ne faut pas cependant désespérer d'un meilleur avenir, quand de tous côtés les citoyens éminents, chargés de veiller au bonheur de la nation, s'empressent d'étudier cette question si importante et si universelle d'où dépend le sort de tant de milliers de malheureux.

Un bienfait immense que la République promet à ses enfants, et que l'Assemblée nationale a déjà décrété pour les écoles Polytechnique et de Saint-Cyr, une éducation large et gratuite parmi les masses développera le dogme de la fraternité, énumérera les avantages de l'*association générale* et propagera ses heureux résultats.

Pour arriver à l'*association générale* graduellement et avec prudence, il faut pratiquer l'*association partielle* et *volontaire*, composée d'ouvriers de la même profession.

La concurrence, il est vrai, ne pourra pas être détruite de longtemps encore; mais faire naître l'espoir qu'elle doit un jour disparaître, c'est déjà lui porter un rude coup et préparer sa chute.

Que l'exemple vienne des sommités gouvernementales, et les imitateurs seront nombreux. Dans les adjudications de travaux publics, d'une importance majeure, ne peut-on pas diviser les lots et employer le plus grand nombre d'ouvriers possible? Aujourd'hui que fait l'entrepreneur adjudicataire? il monopolise la concurrence; elle est une arme entre ses mains d'autant plus meurtrière et dangereuse, qu'il peut frapper d'estoc et de taille sans craindre d'être blessé. Maître absolu, il pose ses conditions, et le travailleur, pour se procurer le strict nécessaire, est forcé de les accepter.

De là profit pour un seul!

Travail, fatigues, sueur et misère pour mille autres!

Que de murmures et de colères eût pu éviter un peu de prudence et de précaution!

Que la routine ne soit point un prétexte à votre conduite. Illustres chefs des ponts-et-chaussées, tout pouvoir vous est remis, et plus qu'à personne il vous est facile d'*améliorer le sort de l'ouvrier*.

Que les maîtres et patrons, qui tous les jours, eux aussi, se plaignent dans leurs entretiens particuliers de la concurrence que les quelques riches ateliers leur font, s'associent entr'eux, par un pacte sacré, et bientôt ils pourront tenir tête à l'orage et marcher sur la même ligne que leurs puissants concurrents.

Ne craignez pas que votre exemple soit dangereux, l'impulsion est donnée; un peu plus tôt, un peu plus tard l'*association* doit triompher.

La concurrence qui produit des effets si désastreux aujourd'hui, a-t-elle toujours été funeste et nuisible? A son origine elle a dû se présenter sous un aspect bienfaisant; il en devait être ainsi. Neuve et remplaçant un système décrépit, elle souriait aux hommes nouveaux du siècle; elle a fait un grand nombre de prosélytes et d'heureux, qui tous aujourd'hui ne peuvent comprendre un changement et sont rouges de colère au plus léger bruit d'innovation. Ces premiers avantages ont bien pu séduire MM. Smith et Say, prôneurs de la concurrence illimitée, mais le prestige est passé et la misère prouve la fausseté du système.

Le côté brillant et séducteur de la concurrence ne trompe plus personne, et si le *bon marché* augmente la consommation, où se trouve le profit, si ce n'est chez le manufacturier, le riche industriel?

Mais à côté du *bon marché* qui n'aperçoit la misère la plus poignante avec son lugubre cortége?

La diminution du salaire de l'ouvrier est la conséquence forcée du *bon marché*; et tous les arguments ne pourront détruire cette vérité que, pour donner à bas prix il faut abaisser la main-d'œuvre. Quelle sera la victime? Le maître d'atelier, le négociant? détrompez-vous. Le coup porte ailleurs, il frappe l'ouvrier seul, père d'une nombreuse famille. Pour qui connaît déjà sa misère, c'est déchirant; c'est à maudire l'existence!

Il faut cependant se résigner et choisir entre deux abîmes : accepter le travail à vil prix, vivre dans la souffrance, ou bien ne point travailler et mourir de faim. Quelle alternative!

Que l'on ne dise pas que le tableau est exagéré et seulement d'imagination. Non; il est bien au-dessous de la réalité, et il faudrait un autre pinceau pour en reproduire tous les détails. Faut-il d'autres exemples pour faire abhorrer la concurrence?

Cette montagne, autrefois inaccessible et hérissée d'obstacles, ne tardera pas à s'écrouler. L'association particulière et générale doit la saper et la renverser. Ne voyons-nous pas, en effet, cet esprit de fraternité, l'association, adopter tous les langages, et pénétrer dans tous les lieux, dans tous les pays? Ne règne-t-il pas dans tous les grands centres d'affaires? Que sont donc ces compagnies d'assurances contre l'incendie, contre la grêle, sur la vie des hommes; ces compagnies qui exploitent les carrières d'ardoises, les mines de houille? En vérité il faut être frappé de cécité pour ne pas voir cet astre briller tout autour de soi.

A l'exemple des grands, associez-vous donc aussi

vous, ouvriers intelligents et laborieux; de là dépend un meilleur sort; tout autre langage vous trompe, et toute autre promesse ne sera jamais réalisée. La société ne peut ni ne doit se laisser dépouiller.

L'*association* : voilà le but vers lequel doivent tendre tous vos efforts qui ne peuvent manquer d'être couronnés de succès.

Nous ne craignons pas d'affirmer encore que sous le point de vue social, l'*association des travailleurs* est une garantie d'ordre pour l'Etat et une défense organisée de la propriété.

Un maître d'atelier, s'il réussit dans son industrie, ce que nous désirons, devient seul fortuné et acquiert de nombreuses possessions, c'est son droit.

Une association, elle aussi, par l'intelligence et le concours de tous ses membres, voit-elle prospérer son entreprise? quelle différence dans le résultat! Ce n'est plus un riche propriétaire que vous comptez, mais bien soixante à cent travailleurs aisés qui seront liés d'intérêt à défendre l'ordre, la propriété et l'Etat.

Tout se prête ici merveilleusement au développement de cette organisation, protégée et encouragée par l'Assemblée nationale. Y a-t-il, en effet, un département qui compte autant que le nôtre de sociétés de secours mutuels? Cette institution, de fraîche date, aussi elle, n'a pas été sans jeter quelque ombrage à son origine, et pourtant elle s'est rapidement répandue dans tous les corps d'état.

L'impulsion est générale, elle ne peut plus s'arrêter. Son organisation, bien qu'incomplète, peut rendre d'éminents services à l'ouvrier frappé de maladies; elle contribue encore à le rendre sage et économe, et ces bienfaits ne sont pas perdus pour la société. Où il y a travail, sagesse et économie, là se trouve paix, ordre et bonheur. Ces modestes assemblées d'ouvriers, où l'on vient déposer une faible taxe pour le jour du malheur, doivent être un heureux présage pour l'*association* et disposer ses voies pour un avenir peu éloigné.

De l'association partielle.

Bien que tout tende vers l'*association générale*, il faut tenir compte des difficultés que ses adversaires peuvent susciter. Loin de s'endormir, ils surveilleront leur ennemi, épieront ses démarches et profiteront de ses moindres fautes. Pour éviter un échec et arriver à notre but, l'*amélioration du sort de l'ouvrier*, faisons appel à l'*association partielle*. Ce mode de procéder nous semble avantageux à l'ouvrier et doit être la clef d'une association plus vaste et plus générale.

Supposez un atelier de menuiserie.

Trente ou quarante ouvriers intelligents, actifs, courageux à l'ouvrage, jaloux de remplir consciencieusement leur journée, se réunissent en *association* pour exploiter cette profession. Gens honnêtes, mais sans fortune, ils sont forcés de s'adresser à un banquier; là gît la difficulté; elle sera bientôt levée, leur probité est connue, ils ne sont point étrangers à la ville, leur conduite régulière peut répondre de celle à venir; des fonds leur sont accordés, l'Etat se charge de fournir les outils.

L'atelier *sociétaire* va commencer ses travaux.

De l'égalité du prix.

Une association, pour arriver à bien, doit offrir à tous ses membres le même but, le *bien-être*. Si les intérêts sont divisés, s'ils sont inégaux, chacun, selon nous, n'apportera qu'une somme de volonté en rapport de son lucre. Partant moins de travail, moins de bénéfices. Pour obvier à ce grave inconvénient, il est indispensable que les *prix soient égaux* pour tous les membres de l'association.

Ne voit-on pas, en effet, quel encouragement

ce sera pour l'ouvrier? S'il est un peu moins avantageux que ses camarades, voudra-t-il rester longtemps en arrière, son amour-propre ne sera-t-il pas stimulé? Il rivalisera de zèle et d'efforts, et le succès couronnera son courage. Dire que l'ouvrier intelligent et fort est sacrifié au paresseux, c'est le langage d'un égoïste ou de la routine.

Dans toute *association* il y a des règles, des statuts établis, des pénalités à appliquer. N'en serait-il pas de même? Protection assurée pour les bons travailleurs, et exclusion pour les *paresseux*. Mais voilà des catégories? Nullement. Tout homme appelé dans une association quelconque doit employer toutes ses facultés pour être égal à l'autre membre; il le peut, car il n'est pas né pour être paresseux.

Il est reconnu cependant que tous ne pourront pas apporter une égale quotité de travail, ce serait demander l'impossible et tomber dans l'absurde. De là préjudice pour l'ouvrier avantageux qui ne recevra pas plus que les autres, il devra quitter l'association.

S'il n'écoute que la voix de l'égoïsme, il se peut qu'il prenne ce parti, à lui la liberté; mais peut-être viendra-t-il un temps où ses facultés physiques épuisées lui feront regretter d'avoir repoussé ce que la fraternité l'appelait à favoriser, lui jeune et doué des dons de la nature! L'ouvrier à vingt-cinq ans est vigoureux, actif, c'est un jeune arbre en pleine sève, et son travail est souvent plus productif que perfectionné, ce n'est qu'un léger défaut que viendront bientôt corriger trente et quelques années. Age mûr et réfléchi, c'est le triomphe du travailleur. A cette époque, la réputation grandit ou s'affaisse; compte-t-il huit ou neuf lustres, ses épaules commencent à être chargées, sa tête s'appesantit, ses bras ne retrouvent plus cette agilité qui semblait défier la machine la mieux perfectionnée; son sang impétueux ne bouillonne plus; quel ravage dans cet être naguère si vigilant! ses idées se bouleversent; mais un dernier effort, et peut-être va-t-il retrouver son énergie, c'est inutile, le travail a brisé ses forces! Regrets amers! Il appelle à son aide la fraternité, il est trop tard!

Regarde ce jeune ouvrier, l'espoir de l'association, comme il est heureux au milieu de ses camarades!

Jeune athlète, intrépide, plein de courage et d'émulation, pur de toute souillure d'égoïsme, il fournit sa course sans se détourner pour voir si ses émules sont loin de lui. Fortuné jeune homme, tu reçois ta récompense; ton cœur placide apporte le bien-être à la famille associée, et le bon vieiillard qui, comme toi, a travaillé ardemment dans sa jeunesse, participe au même prix; que le même bienfait te soit rendu sur le déclin de la vie; c'est justice, tu l'as bien mérité! Voilà la fraternité! voilà les fruits de l'association! *Le prix doit être égal.*

Association avec les maîtres.

Il est un autre genre d'*association*, celui des maîtres avec les ouvriers.

Évidemment ce genre d'association ne peut favoriser qu'un bien petit nombre de travailleurs, et encore dans beaucoup de corps d'état il est presque impraticable. Loin de le négliger et le rejeter, il faut le recevoir comme un bienfait, c'est un pas de plus pour l'*association générale.*

Avant de terminer, quelques mots sur le travail des maisons de détention.

Depuis bien des années les hommes lettrés, législateurs, jurisconsultes, économistes, tous, dans la proportion de leurs forces, ont travaillé à rendre moins pénible la vie du criminel, séparé de la société, et l'on peut dire que leur sort a bien changé; c'est le devoir de l'humanité. A des prisons infectes, insalubres, privées d'air, ont succédé des lieux aérés, une nourriture plus substantielle, plus abondante. Aujourd'hui l'on s'occupe encore de réformes utiles; c'est très bien; mais il est des moyens à employer, d'autres qu'il faut éviter.

Dans un but philanthropique et pour changer la nature perverse du condamné, l'on a introduit de grands travaux dans les maisons de réclusion. Des marchés ont été conclus avec les directeurs et les négociants. L'on a fait appel à l'intérêt individuel, et bientôt l'égoïsme, habile mathématicien, a lancé ses machines jusque dans ces lieux de punition.

Un faible tribut pour le travailleur, ce devait être;

Une large part pour l'intermédiaire, et une riche moisson pour le manufacturier!

Bien va! Les marchés sont inondés de produits à vil prix. Tout le monde est satisfait. Le pensez-vous?

L'ouvrier peut-il acheter à *bon marché* même, s'il n'a pas d'argent, et peut-il s'en procurer s'il n'a pas de travail?

Que l'Assemblée nationale, préoccupée du soin d'améliorer le sort des travailleurs, porte un décret qui interdise le travail en grand dans les prisons, pour le conserver à l'honnête père de famille qui compte avec le nécessaire pour élever péniblement ses enfants. Ainsi répandu dans les masses, le travail produira l'abondance, et la misère cessera d'exercer ses rigueurs.

Nous laissons aux associations le soin de régler leurs statuts, leurs conditions d'existence, de les harmoniser suivant nos lois.

Conclusion.

La société toute entière est intéressée à rechercher tous les moyens d'améliorer le sort des ouvriers, à les étudier et à saisir ceux qui lui paraissent fondés sur l'équité.

Diminuer la misère par le travail mieux rétribué, c'est augmenter le revenu du riche, c'est doubler sa jouissance; car il verra disparaître, peu à peu, la mendicité, problême difficile à résoudre et qui occupe sérieusement nos grands économistes.

TABLE.

www.ingramcontent.com/pod-product-compliance
Ingram Content Group UK Ltd.
Pitfield, Milton Keynes, MK11 3LW, UK
UKHW032020260826
14628UKWH00006B/2614

9 782019 670184